Stefan Stelzhammer

Die toxische Beziehung
mit einem Narzissten –
ein Erfahrungsbericht

ISBN: 9798848679656

Vorwort

Dieses Buch ist ein persönlicher Erfahrungsbericht einer alleinerziehenden Frau von zwei minderjährigen Kindern, welche sich 14 Jahre lang in einer On-/Off-Beziehung mit einem Narzissten befand.

Es widmet sich in erster Linie allen Betroffenen von narzisstischen Partnern und Eltern, und soll dabei aufzeigen, welche schlimmen Ausmaße eine toxische Beziehung annehmen kann.

Besonders herausfordernd wird das Verhältnis zwischen dem narzisstischen Opfer und dem Narzissten dann, als die alleinerziehende Mutter den „Absprung" zu schaffen scheint und die Beziehung zu ihrem Peiniger beendet. Von diesem Moment an bekommt sie die volle Wucht der narzisstischen Wut zu spüren und ein nicht enden wollender Beziehungs- und Sorgerechtsstreit beginnt.

Der hier beschriebene narzisstische Partner erfüllt beinahe alle Charaktereigenschaften, welche einem Narzissten bzw. einem Menschen mit narzisstischer Persönlichkeitsstörung zugeschrieben werden (können).

Hierzu gehören etwa: das häufige Führen eines Doppellebens, das Vorhandensein diverser Süchte, ein Fehlen an Empathie, das Streben nach der eigenen Bewunderung, Macht- und Kontrollspiele, Manipulationen, das Bestrafungs- und Belohnungssystem, sowie die Minderung des Selbstwertes des narzisstischen Opfers und dessen emotionale Abhängigkeit.

Viele Opfer von narzisstischen Partnern schaffen aufgrund ihres, meist durch den narzisstischen Partner verursachten, mangelhaften Selbstbewusstseins nicht immer oder nur schwer den Absprung. Zu groß ist einfach das Bedürfnis des Opfers die Liebe, Anerkennung und Aufmerksamkeit des Narzissten (wieder) zu erlangen.
Aus diesem Grund ist die Trennung von einem Narzissten – unabhängig davon, ob der Narzisst oder sein Opfer diese ausführt – immer ein sehr schwieriger, emotional-belastender und vor allem langwieriger Prozess, bei dem vor allem eines gilt: Durchhalten und hart bleiben!

Hat man diesen schwierigen Prozess jedoch geschafft, kann man sich zu einem freien und selbstbestimmten Leben beglückwünschen!

Die Erfahrung einer toxischen Beziehung, wie sie die alleinerziehende Protagonistin dieses Werkes gemacht hat, hilft in späteren Lebenslagen einen potenziellen neuen narzisstischen Partner rasch zu entlarven und die eigene Persönlichkeit weiterzuentwickeln.

Die vielen schlimmen Erfahrungen, welche toxische Beziehungen mit sich bringen nagen zum Zeitpunkt der Beziehung mit dem Narzissten sehr an dem Selbstwertgefühl des Opfers. Wenn das Opfer es jedoch schafft, aus der toxischen Beziehung auszusteigen und mithilfe der Zeit die emotionalen Wunden zu schließen, die der Narzisst in ihm verursacht hat, entwickelt sich aus dem Opfer eine charakterstarke Persönlichkeit, die genau weiß, was sie in zukünftigen Beziehungen vor allem nicht mehr möchte – einen neuen narzisstischen Partner.

Die in diesem Buch geschilderten Erlebnisse entsprechen der Wahrheit. Es wurde nichts hinzugetextet oder ausgelassen.

Aufgrund der Länge der Geschichte wurde diese in zwei Bände aufgeteilt.
Während in Band 1 in erster Linie die toxische Beziehung beschrieben wird, geht es in Band 2 um den Versuch der Protagonistin, die Beziehung zu ihrem narzisstischen Partner zu beenden und um die darauffolgende narzisstische Wut, welche die Protagonistin mit voller Wucht treffen wird.

Wie die ganze Sache ausgeht? Lassen Sie sich überraschen!

Ein Erfahrungsbericht

Ich war 14 Jahre lang in einer toxischen On-/Off-Beziehung mit einem Narzissten und wusste bis vor einem Jahr nicht, dass das, was ich alles mit diesem Menschen erlebt hatte, darauf begründet war, dass dieser Mensch ein Narzisst ist.

Wie bereits erwähnt habe ich mit diesem Mann 14 Jahre lang eine ständige On-/Off-Beziehung geführt. Es gab Tage und Wochen da hatten wir ein echt gutes Verhältnis zueinander. Wir unternahmen Ausflüge, machten Familienausflüge oder saßen einfach gemütlich zusammen auf dem Sofa. Dann aber gab es auch wieder Zeiten, in denen wir überhaupt keinen Kontakt zueinander hatten. Eines war jedoch immer gleich: Egal wie lange wir uns auch nicht gesehen hatten, er kam immer wieder zurück.

Jetzt im Nachhinein betrachtet, weiß ich nicht, weshalb oder wie ich das alles so lange durchhalten konnte. Ich hatte früher auch viele Beziehungen mit anderen Männern und ich wusste, dass ich eines Tages, wenn ich den „Richtigen" gefunden habe, diesen auch heiraten wollen würde. Tja und was soll ich sagen? Ich dachte eben, dass er der „Richtige" sei.

Im September letzten Jahres kam meine komplette Welt dann ins Wankeln. Ich hatte bereits unser zweites gemeinsames Kind auf die Welt gebracht und da die Kastentüre unserer älteren Tochter gerade kaputt geworden war, bekam ich Besuch von einem Bekannten meines Freundes, der uns diese Türe reparieren sollte.

Nachdem die Arbeit getan war, sagte ich zu diesem Bekannten (ich kannte ihn nur von ab und zu einmal sehen), dass er sich noch zu mir in die Küche setzen und etwas mit mir trinken könnte. Dies tat der Bekannte von meinem Freund dann auch.

Als wir dann so beisammensaßen und er mich mit einem mir nicht nachvollziehbaren bemitleidenden Blick ansah, während ich meinen kleinen Sohn gerade in den Armen hielt, fragte ich ihn, was denn los sei. Er sagte zuerst nichts und blickte mich nur weiter bemitleidenswert an. Ich erzählte ihm dann, dass mein Freund sich noch mehr von mir entfremdet hatte, als er es in der Vergangenheit immer wieder einmal tat. Ich sagte diesem Bekannten, dass ich mich sehr einsam fühle und nicht verstehen kann, warum mein Freund nicht so oft bei uns zu Hause ist, wo ich doch erst unser zweites gemeinsames Kind auf die Welt gebracht habe.
Im weiteren Zuge fragte ich den Bekannten meines Freundes dann, ob er denn wüsste, was mit meinem Freund los sei. Männer reden immerhin ja auch untereinander über ihre Probleme, Wünsche und Sehnsüchte. Daraufhin brach der Bekannte dann sein Schweigen und begann zu erzählen.

Er beichtete mir, dass er etwas über meinen Freund wüsste, er sich aber nicht sicher sei, ob er mir das alles sagen sollte. Hierzu betonte er, dass er denkt, dass ich dadurch zusammenbrechen und er das nicht verantworten könnte.

Ich spürte in diesem Moment, wie sich eine unsichtbare Schnur um meine Kehle legte und ich immer weniger Luft bekam. Ich bat den Bekannten meines Freundes dann, dass er mir alles sagen könnte, was er über meinen Freund weiß. Ich sagte ihm auch, dass ich immer schon das Gefühl hatte, dass es zwischen ihm und mir ein Geheimnis gibt und, dass ich bereit bin die Wahrheit zu erfahren!
Die Wahrheit, weshalb mein Freund immer schon so emotionslos zu mir war, weshalb er in all den Jahren nicht ein einziges Mal bei uns in der Wohnung geschlafen hatte, weshalb er nach dem Sex kurze Zeit später immer aufgesprungen und gefahren ist, weshalb er mit uns keinen einzigen Urlaub verbracht hatte oder weshalb er bei der Geburt unserer gemeinsamen Kinder nicht anwesend war.

Der Bekannte meines Freundes schluckte daraufhin, senkte seinen Kopf zu Boden und begann mir zu erzählen, was er wusste. Er erzählte mir, dass es einen Grund gibt, weshalb mein Freund nie bei uns schläft, warum er nie mit uns in den Urlaub fährt und weshalb er die meiste Zeit des Tages nicht erreichbar ist.
Er teilte mir mit, dass mein Freund seit über 10 Jahren ein Doppelleben mit einer anderen Frau führt und dass er regelmäßig bei dieser nächtigt und auch mit dieser in den Urlaub fährt. Er sagte mir weiters, dass wenn mein Freund bei dieser Frau ist, er absichtlich nicht beim Telefon abhebt, weil die andere Frau auch nichts von mir wissen darf. Doch als wäre das nicht schon genug, erzählte er mich weiters, dass mein Freund auch regelmäßig in unterschiedliche Bordelle fährt und dort mit diversen Prostituierten sexuell verkehrt.

Ich hatte oft schon das Gefühl, dass etwas nicht mit meinem Freund stimmt, aber das, was ich hier zu hören bekam, machte mit einem Schlag meine gesamte, „heile" Welt dem Erdboden gleich.
Alles woran ich je geglaubt hatte, alles worauf ich gehofft hatte mit diesem Mann war mit diesem einen Moment für immer fort!
14 Jahre lang waren von einem Moment zum anderen nichts anderes mehr als eine riesengroße Lüge!

Ich schämte mich, dass ich so dumm und naiv war, nicht von selbst dahinterzukommen. Mir fielen auf einmal die vielen Momente und Ungereimtheiten ein und plötzlich ergab alles einen Sinn. Ich verstand nun, weshalb mein Freund nie abgehoben hatte, weshalb er immer nach Ausreden suchte, um nicht hier schlafen zu „müssen" oder wo er wirklich war, wenn er mir sagte, dass er keine Zeit hätte, weil er angeblich noch Kundentermine erledigen würde.

Nachdem ich diesen ersten Schockmoment hinter mir hatte, schickte ich den Bekannten meines Freundes heim und versprach ihm, dass ich meinem Freund nicht erzählen werde, von wem ich dies alles erfahren habe. Ich versicherte ihm aber, dass ich meinen Freund noch am gleichen Tag mit dem Erzählten konfrontieren wolle und werde.

Nachdem der Bekannte meine Wohnung verlies, brach ich unter Tränen zusammen und sackte für einige Minuten auf den Boden. Ich konnte nicht fassen, dass meine ganze Welt auf einmal für immer zerstört war und alles, woran ich je geglaubt hatte, nichts anderes als eine Lüge war!

Als ich so am Boden saß und die Tränen über meine Wangen liefen und ich an die vielen Momente mit diesem Menschen denken musste und an die Zukunft, welche ich mit ihm geplant hatte, spürte ich neben meiner Trauer auch eine immer stärker werdende Wut im Bauch.
Ich wollte meinen Freund um alles in der Welt zur Rede stellen und ihm mit den beinharten Fakten konfrontieren!

Weil ich wusste, dass er in 9 von 10 Fällen nicht abhebt und an dem besagten Abend auch gewiss nicht kommen würde (ich wusste ja jetzt auch weshalb), griff ich zu einer List und schickte ihm eine SMS in welcher drinnen stand, dass etwas Schlimmes passiert sei, ich ins Krankenhaus müsse und er bitte sofort vorbeikommen solle, damit er auf unsere Kinder aufpasst.

Wenige Augenblicke später rief mein Freund mich dann mit zitternder Stimme zurück und fragte mich panisch, was denn passiert sei. Ich versuchte mich vor der Antwort zu drücken und betonte nur immer wieder, dass etwas Schlimmes passiert sei und er bitte sofort kommen müsste.
Wenige Minuten nach diesem Telefonat war er dann auch schon bei unserer Wohnung.

Er hatte dazumals noch einen Zweitschlüssel für meine Wohnung, mit welcher er am besagten Abend auch die Wohnungstür aufsperrte. Als er den Schlüssel im Schloss umdrehte, hörte man anhand des Klapperns des Schlüssels, dass seine Hände zittern mussten. In dem Moment als er dann im Vorraum meiner Wohnung stand, sagte ich zu meiner älteren Tochter, dass sie mit ihrem kleinen Bruder ins Kinderzimmer gehen und die Türe zusperren sollte.

Ich nahm meinen Freund danach sofort den Zweitschlüssel meiner Wohnung ab, sperrte die Wohnungstüre zu, damit dieser sich nicht vor der auf ihn zukommenden Konfrontation drücken konnte und schrie ihn mit Tränen in den Augen an, dass ich jetzt alles über ihn erfahren hätte und ich von seinem mehrgleisigen Doppelleben wusste.

Er war daraufhin total hektisch und betonte mehrfach, dass dies alles Lügen seien und dass es keine anderen Frauen gebe. Ich hörte gar nicht so recht auf das was er mir sagte, denn ich dachte, dass aus seinem Mund nichts anderes als Lügen kamen.

Ich schrie in sicherlich einige Minuten lang an. Er versuchte mir in diesem Zeitfenster immer wieder weiszumachen, dass ich ihm etwas Falsches unterstellen würde und ich nicht auf das hören solle, was mir irgendwelche Leute erzählt hätten. Ich drohte ihm dann noch, dass ich diese Zweitfrau nun auch von mir in Kenntnis setzen werde und ihr auch erzählen werde, dass wir zwei gemeinsame Kinder haben, wobei eines davon erst wenige Monate alt ist
Ich sagte ihm noch, dass unsere Beziehung hiermit beendet sei und ich niemals wieder etwas von ihm hören oder sehen möchte.

Daraufhin fing auch er an mich anzuschreien und befahl mir, ihn sofort aus der Wohnung zu lassen, da er sonst die Polizei rufen würde. Dies tat ich dann auch. Ich rief dann meine Schwester und meine Mutter an und erzählte ihnen, was ich erfahren hatte.
Der Schock saß uns allen im Nacken. Niemand konnte glauben, dass mein Freund, mit dem ich zwei gemeinsame Kinder habe, mich 10 Jahre lange mit einer anderen Frau durchgehend betrogen und mit dieser ein Doppelleben geführt hatte.

Auch konnte sich niemand vorstellen, dass der Mann, mit dem ich fast täglich Sex hatte, nebenbei noch zusätzlich regelmäßig zu Prostituierten gefahren ist. Nachdem ich mit meiner Familie über das mir Gesagte gesprochen hatte, brachte ich meine Kinder ins Bett und weinte die ganze Nacht lang durch.

Am nächsten Tag schrieb ich meinem mittlerweile Exfreund, dass ich, wenn er mir nicht freiwillig die Telefonnummer seiner Zweitfrau geben würde, nun alle Hebel in Bewegung setzen werde, um eine Möglichkeit zu finden, diese zu kontaktieren, was ich letztlich dann auch über die Hilfe meines Umfeldes tat. Meine Wut war einfach so enorm groß und ich wollte unbedingt, dass die Zweitfrau von mir und unseren Kindern erfuhr!

Meine Schwester und eine Freundin von ihr haben die besagte Zweitfrau, dessen Name ich von früher kannte, da sie einige Zeit mit meinem Ex offiziell zusammen war, dann indirekt über Facebook kontaktieren können und ihr und ihrem Umfeld mitgeteilt, dass es mich und unsere beiden Kinder gibt und auch, dass mein Ex nebenbei auch noch regelmäßig ins Bordell fährt.

Kurze Zeit später, nachdem diese Nachrichten an die Zweitfrau und ihr Umfeld rausgingen – ich denke auch, dass mein Ex zu diesem Zeitpunkt auch schon von seiner Zweitfrau über meine Kontaktaufnahme informiert wurde – bekam ich dann einen sehr wütenden Anruf von meinem Ex, in welchem er mich wüst beschimpfte und er mir mitteilte, dass er mich unter anderem gerne schlagen wollen würde und auch, dass unsere Beziehung jetzt endgültig vorbei sei.

Weil ich meinen Ex so rasend wütend noch niemals zuvor in meinem ganzen Leben erlebt hatte, bekam ich Angst, dass dieser seiner Drohung wahrmachen würde und so beschloss ich noch am selben Tag die Polizei aufzusuchen und sie von dieser Drohung in Kenntnis zu setzen.

Ich machte daher eine Anzeige wegen Drohung und mein Ex bekam ein 2wöchiges Betretungs- und Annäherungsverbot ausgesprochen, wonach er sich weder meiner Wohnung, mir, noch unseren gemeinsamen Kindern nähern durfte.

Ich war so geschockt und traurig in dieser Zeit und hatte auch enorme Angst, dass mein Ex wirklich eines Abends vor der Türe stehen und etwas gegen mich machen würde.

Ich wusste immerhin auch nicht, wie mein Ex zu der anderen Frau steht, ob er sie liebt und wie tief und innig sein Verhältnis zu ihr wirklich ist.
Dementsprechend wusste ich auch nicht, wie er handelt würde, wenn ich diese Frau ausfindig machen und kontaktieren würde, was ich letztlich ja auch tat. (Die Wahrscheinlichkeit, dass diese Frau es mir gleich machen und die Beziehung zu meinem Ex beenden würde, war natürlich relativ hoch.)

Ich kann mich erinnern, dass ich jedes Mal zusammengezuckt bin, wenn ein dunkles Auto, dass dem Auto meines Exfreundes ähnlichsah, an meinem Balkon vorbeifuhr. Ich hatte Angst, wenn ich für wenige Sekunden zur Türe rausgegangen bin, um den Müll zu entsorgen.

Aufgrund dieses Annäherungs- und Betretungsverbots wurde ich dann von einer Opferschutzeinrichtung kontaktiert und auch vom Jugendamt. Ich teilte den Behörden dann mit, dass ich jetzt froh sei, dass es dieses Betretungs- und Annäherungsverbot gibt und ich nicht vorhätte, mit meinem Exfreund wieder Kontakt aufzunehmen.

Während dieser 2 Wochen des Betretungs- und Annäherungsverbots versuchte ich einen Weg für mich zu finden, um mit der neuen Situation und der Faktenlage umzugehen. Ich wollte mich emotional komplett von meinem Ex distanzieren und versuchte tagtäglich gegen meine Gefühle für ihn anzukämpfen.

Mein Ex hingegen ließ mir über mein Umfeld immer wieder Botschaften ausrichten.

So rief mich eines Abends etwa meine Mutter an und teilte mir mit, dass mein Ex sie eben angerufen und ihr mitgeteilt hätte, dass er nun einige Gesprächsstunden im Gewaltschutzzentrum zu absolvieren hätte und, dass er sehr geschockt von mir wäre, weil ich ihm zugetraut habe, dass er mir körperliches Leid zufügen könnte.
Auch sagte mir meine Mutter, dass ich meinen Ex anrufen müsste, um mich bei ihm für die Anzeige bei der Polizei wegen Drohung zu entschuldigen, da er ansonsten alles daransetzen würde, mir unsere gemeinsamen Kinder wegzunehmen.
Ich wusste nicht, ob ich diese Informationen ernst nehmen konnte und wollte mich anfänglich auch nicht bei meinem Ex melden. Jedoch machte mir meine Mutter dermaßen Angst und so entschied ich meinen Ex gezwungenermaßen anzurufen.

Als ich ihn anrief wollte ich mich nicht bei ihm entschuldigen. Wofür sollte ich mich auch entschuldigen? Sollte ich mich etwa dafür entschuldigen, dass er mich 10 Jahre lang nur betrogen und belogen hatte? Oder dass er mich bei den Geburten unserer beiden Kinder im Stich gelassen hatte? Dass er mir auch ab und an erzählte, dass wir eines Tages heiraten würden, wenn wir unsere Probleme in den Griff bekommen würden - obwohl er dies offensichtlich nie ernst gemeint hatte?
Für meine Kinder entschied ich mich dann aber dazu ihm meine Entschuldigung auszusprechen. Ich wollte einfach Ruhe haben und hatte Angst, dass er mir meine beiden Kinder wegnimmt.

Er war sehr zynisch am Telefon und wirkte mehr als angepisst, doch er nahm meine Entschuldigung an und teilte mir noch mit, dass ich ihn nie wieder sehen würde. Er wusste von früher, dass er mich durch sein Nähe- und Distanzspiel immer bestrafen konnte, doch dieses Mal war es anders für mich. Alles was ich über ihn erfahren hatte, alles was ich von seinem Doppelleben nun wusste, schockierte mich in meinen Grundfesten! Ich war so enttäuscht und traurig, dass ich von diesem Menschen nie wieder etwas wissen wollte!

Nachdem er mir mitgeteilt hatte, dass wir einander nun nie wieder sehen würden, legte er auf. Ich weinte dann die ganze Nacht und hoffte, dass er von seiner Absicht, mir meine Kinder wegnehmen zu wollen, nun Abstand hielt.
Ich hatte meine ganze Hoffnung in ihn und unsere gemeinsame Zukunft verloren – ich hätte nicht ertragen, wenn er mir jetzt auch noch die Kinder nehmen wollen würde!

Ich war doch bereits am Boden – am emotionalen Boden der Tatsachen! Ich habe diesen Menschen über alles geliebt. Er war wirklich meine große Liebe – der Mann, den ich in meinem ganzen Leben wirklich geliebt habe!

Nach dem Telefonat verkroch ich mich einige Tage mit den Kindern in unserer Wohnung und ging nur nach Draußen, wenn ich einen Einkauf zu erledigen hatte oder den Müll entsorgen musste.
Nach weiteren Tagen, eigentlich genau an dem Tag, an welchem das 2wöchige Betretungs- und Annäherungsverbot ausgelaufen war, als es mir gerade anfing etwas besser zu gehen, bekam ich am Abend, während ich die Hausaufgaben unserer älteren Tochter kontrollierte, einen Anruf. Die Nummer war mir bekannt, obwohl ich sie bereits aus meinem Mobiltelefon gelöscht hatte. Es war mein Ex.

Ich wusste nicht, ob ich abheben sollte, jedoch siegte die Neugier und so nahm ich den Anruf an und fragte ihn, was er denn noch von mir wolle. Er teilte mir mit hektischer und zugleich flüsternder Stimme dann mit, dass er mich unbedingt sehen wollen würde, dass er mit mir über alles sprechen müsse und dass ich ihn doch bitte kommen lassen solle. Er flehte mich geradezu an, dass ich ihn wieder in meine Wohnung lassen solle, da er die Situation, wie sie nun zwischen uns war, nicht aushielte. Ich wusste nicht, was ich sagen sollte. Auf einmal gab es da dieses riesengroße, heftige Gefühlswirrwarr in meinem Herzen. Ich liebte ihn noch – trotz all der Dinge, die ich von ihm erfuhr und ich musste mir eingestehen, dass auch ich eine tiefe Sehnsucht nach ihm verspürte!

Ich überlegte dann kurz und da mein Herz noch an ihm hing, willigte ich einem Treffen ein. Etwa eine Stunde nach diesem Telefonat stand er vor meiner Wohnungstür und ich ließ ihn herein. Wir setzten uns in meine Küche und fingen zu reden an. Da sagte er mir, dass die Sache rund um sein Doppelleben gelogen sei, dass er ohnehin wüsste, wer mir diesen „Blödsinn", wie er es sagte, erzählt hätte und, dass ich all diesen Dingen keinen Glauben schenken solle. Er versicherte mir auch, dass seine angebliche Zweitfrau, also seine Exfreundin aus früheren Jahren, mittlerweile nur noch eine Versicherungskundin von ihm sei, dass diese einen Arzt als Freund hätte und er für sie auch schon viele Jahre lang keine Gefühle mehr verspürte.

Ich fragte ihn dann, warum er, als ich ihn an dem einen Abend mit seinem Doppelleben konfrontiert hatte, so ausgezuckt ist und sofort die Flucht ergriffen hatte. Er antwortete mir darauf, dass er mit der Situation überfordert war und er einfach sauer auf mich gewesen wäre, da ich ihn in der Wohnung eingesperrt hatte.

Ich wollte ihm so sehr glauben und ich hatte, wie bereits gesagt, noch sehr starke Gefühle für ihn, wenngleich diese doch auch getrübt waren. Er war dann sehr lieb zu mir und nahm mich in den Arm und dann kam es so weit, dass wir wieder miteinander schliefen. Und es ging mir für einen Moment wieder gut, denn er war wieder bei mir.

Nachdem wir Sex hatten, merkte ich aber erst so richtig, wie verletzt ich durch das mir Erzählte war und begann wieder sein angebliches Doppelleben anzusprechen. Ich war sehr emotional und hatte ihm im Zuge dieses Gespräches dann auch wieder angeschrien, worauf er wieder die Flucht ergriff.

Zwei Tage war es her, dass ich nun mit meinem Exfreund oder Freund wieder geschlafen hatte, als meine Mutter mich abends anrief und mir ausrichtete, dass sie und eine Freundin von ihr sich eben mit meinem Ex getroffen hätten, da dieser meine Mutter angerufen und sie um ein Gespräch gebeten hatte. Während dieses Gesprächs sagte meine Mutter zu meinem Ex, dass sie von mir über sein Doppelleben erfahren hätte und, dass sie sehr geschockt über dieses wäre. Mein Ex erklärte meiner Mutter dann, dass er sehr unglücklich in der Beziehung mit mir gewesen wäre, weil wir so oft Streit hatten.

An dieser Stelle muss ich jedoch sagen, dass der ganze Streit, den wir in der Vergangenheit hatten, für mich zumindest darauf begründet war, dass mein Ex und ich nie eine normale Beziehung geführt hatten. Ich wollte immer wieder, wie dies auch für eine liebende Person normal ist, dass mein Freund bei mir schläft, dass wir zusammen Ausflüge unternehmen und den Alltag zusammen mit unseren Kindern als Paar und Familie verbringen. Dies alles bekam ich jedoch in all den 14 Jahren nicht. Die begründete Frage, warum ich dies alles überhaupt so lange mitgemacht habe… was soll ich dazu sagen? Ich weiß es selbst nicht. Ich habe ihn einfach geliebt und gehofft, dass er eines Tages aufwacht und erkennt, was er an mir hat!

Jedenfalls teilte meine Mutter meinem Ex dann mit, dass es besser wäre, wenn er und ich uns andere Partner suchen würden, da es offensichtlich nicht zwischen uns passte und mein Ex mich gewiss nicht so viel liebte, wie ich ihn. Mein Ex erwiderte daraufhin, dass er nicht ohne mich leben könnte und wollte. Dies alles erzählte mir meine Mutter.

Nachdem das Gespräch mit meiner Mutter beendet war, rief mein Ex mich schicksalshafterweise wieder mit flüsternder Stimme an und teilte mir am Telefon erneut mit, dass ich ihn bitte zu mir kommen lassen solle und dass ich ihm fehlte. Und ich ließ ihn wieder herein.

Ich weiß nicht, ob eine außenstehende Person dies nachvollziehen kann, doch meine Gefühle für diesen Menschen waren so riesengroß, tief und ehrlich und ich konnte mich einfach nicht gegen diese wehren. Ich liebte ihn einfach – Mistkerl oder nicht!

Von da an kam mein Freund wieder regelmäßiger zu uns und beteuerte bei seinen Besuchen immer wieder seine Unschuld. Er konnte als gelernter Versicherungsberater sehr gut reden und seine Beteuerung schienen mir ehrlicher Natur zu sein. Immer und immer wieder teilte er mir mit, dass er in keine Bordelle fahren würde und dass seine angebliche Zweitfrau nur eine Versicherungskundin von ihm sei, welche ihm gute Provisionen hereinbringen würde.

Ich versuchte ihm ehrlich Glauben zu schenken, weil ich ihn so sehr liebte und so kam es, dass wir uns irgendwann dann genauso oft wieder sahen, wie vor dieser ganzen Sache.

Bis Weihnachten schien alles gut und er bemühte sich sehr um mich und unsere gemeinsamen Kinder. Wir machen einige Ausflüge zusammen und wenn ich ihn anrief, hob er auch fast immer gleich ab. Man kann also wirklich sagen, dass er eigentlich wirklich fast jeden Tag bei uns war – und ich und die Kinder waren glücklich.

Dennoch war sein angebliches Doppelleben bei jedem unserer Treffen in meinem Kopf präsent und es gab auch immer wieder einmal Streitigkeiten deshalb. Doch jedes Mal, wenn ich das Thema mit den anderen Frauen ansprach, verneinte er mir dies sofort und versicherte mir, dass er mir treu sei.
Ich hatte zwar Angst und irgendwo Zweifel an dem Wahrheitsgehalt seiner Aussagen, aber ich wollte ihm so sehr Glauben schenken und uns noch eine Chance geben!
Deshalb hatte ich mich dann auch sehr um meinen Freund bemüht. Ich wollte keine Möglichkeit unversucht lassen, um ihn zu betüdeln und ihm etwas Gutes zu tun. Und weil er sich auf einmal so sehr um uns bemühte, hatte ich wieder die Hoffnung, dass wir es jetzt endlich schaffen könnten und eines Tages eine richtige Familie werden würden. Ich dachte, dass wenn dies alles doch wahr gewesen sein sollte, was ich von ihm hörte, dann hätte er spätestens jetzt, wo er wusste, wie es ist, wenn er mich verloren hat, verstanden, um was es geht! Ich dachte er ist „aufgewacht"!

Nach dem Dezember letzten Jahres merkte ich jedoch schlagartig, dass sein Verhalten sich wieder änderte und er sich von mir und unseren Kindern wieder distanziert hatte. Er war auf einmal genauso wie früher. Er verhielt sich genauso, wie zu den Zeitpunkten, zu denen ich deshalb wegen seines Verhaltens immer wieder Streit mit ihm hatte. Er hob auf einmal kaum noch ab, redete wieder von zahlreichen Kundentermine und kam nur noch zwei Mal in der Woche.

Irgendwann im Jänner beichtete er mir dann, dass er für sich alleine eine zweiwöchige Reise nach Sri Lanka gebucht hätte, da er ein neues Geschäft für ihn witterte. Er erklärte mir, dass es in Sri Lanka viele Edelsteine gäbe und er diese gerne mit einem Zweitmann verkaufen wollen würde. Ich war sehr erbost über diese geplante Reise – auch deshalb, weil er mich darüber nur sehr kurzfristig informiert hatte.

Nachdem diese Reise im Gespräch war und vor dem Hintergrund, dass er sich wieder wie früher verhielt, fühlte ich wieder meine eigene Unsicherheit und die Angst vom September des Vorjahres kam zurück! Ich war mir auf einmal nicht mehr sicher, ob der Bekannte meines Freundes mir dazumals nicht doch die Wahrheit gesagt hatte und so begab ich mich auf Beweissuche.

Ich kontaktierte den Bekannten, der mich damals über das angebliche Doppelleben von meinem Ex informierte und fragte ihn, ob er wüsste, was mit meinem Freund nun wieder los sei.

Dieser Bekannte erzählte mir dann, dass er mit meinem Freund seit dem September des letzten Jahres keinen Kontakt mehr hätte, weil dieser bereits vermutete, dass er derjenige wer, der mir dies alles erzählte hatte.

Er sagte mir aber, dass er vom besten Freund meines Freundes erfahren hatte, dass die Zweitfrau meines Freundes für einige Zeit den Kontakt zu meinem Freund abgebrochen gehabt hätte, nachdem sie damals von meiner Schwester und deren Freundin über mich, unsere Kinder und die Prostituierten erfuhr und er es jedoch wieder geschafft hätte, sich diese zu „fischen". Weiters teilte er mir mit, dass er auch erfahren hatte, dass mein Freund mit dieser besagten Zweitfrau nach Sri Lanka in den Urlaub fliegen würde und, dass mein Freund in seinem Freundeskreis herumerzählt hatte, dass er sich sehr anstrengen musste, um diese Zweitfrau wieder für sich zu gewinnen.

Als ich dies erfuhr, dies war zu dem Zeitpunkt als mein Freund sich bereits auf seiner Sri Lanka Reise befand, verlor ich zum zweiten Mal den Boden unter den Füßen! Ich konnte nicht glauben, dass ich so dumm und naiv gewesen bin, die Aussagen dieses Bekannten auch nur im Geringsten anzuzweifeln!

Einen weiteren Beweis bekam ich dann noch, als ich eines Tages mit meinen Kindern zusammen bei der Mutter meines Freundes zum Essen eingeladen war. Dort entdeckte ich am Fensterbrett eine Postkarte, welche von dem Sri Lanka Urlaub meines Freundes war. Als ich diese Postkarte näher betrachtete, traf mich das blanke Entsetzen. Mein Freund schrieb in dieser Postkarte seiner Mutter, dass der Urlaub in Sri Lanka sehr schön sei. Zum Abschluss stand dann noch:" Schöne Grüße von X und Y" – Y war die Zweitfrau. Nun hatte ich einen handfesten Beweis! Einen, bei dem ich dachte, dass es daran keine Zweifel mehr geben könnte!

Ich wartete ab, bis mein Freund von seinem Urlaub zurück war und überlegte mir in der Zwischenzeit, wie ich nun mit ihm verfahren wollen würde.
Als er von seinem Urlaub zurückkam, konfrontierte ich ihn noch am gleichen Tag mit den gesammelten Beweisen und schrie ihn wüst an. Ich konnte mich gar nicht beruhigen. Ich war so enttäuscht, dass er mich (wieder) verarscht hatte!

Mein Freund stellte mich dann für dumm dar und erklärte mir, dass ich wieder von seinem Umfeld belogen wurde und, dass es keine Zweitfrau gebe. Auf meine Frage hin, weshalb dann der Name seiner Zweitfrau auf der Postkarte seiner Mutter war, teilte er mir mit, dass er dies nur deshalb geschrieben hätte, weil seine Mutter seine Exfreundin damals sehr gern hatte und er ihr damit eine Freude machen wollte. Ich fragte ihn dann, ob er mich für komplett bescheuert hielte. Wir stritten dann telefonisch noch eine ganze Weile. Im Laufe dieses Gesprächs sagte er dann, dass ich mich erst einmal beruhigen sollte und wir fürs Erste einmal Abstand bräuchten und es jetzt auch einmal vorbei wäre mit uns.

Und wieder kam eine Zeit auf mich zu in der ich nächtlich immer wieder mit Heulkrämpfen kämpfen musste. Ich fühlte mich als hätte mir jemand ins Herz geschossen, es niedergestochen und als es dann auf dem Boden lag, um elend zu verenden, wurde zum Abschied auch noch darauf getreten! Ich war so verletzt, dass ich keine Worte für meine Enttäuschung und Verzweiflung fand.

Ich begann mich dann mit meinen Kindern komplett zurückzuziehen und wollte nichts mehr von diesem Menschen hören. Dennoch hatte mein mittlerweile wieder Exfreund mir wieder begonnen Botschaften über mein Umfeld ausrichten zu lassen. In diesen Botschaften ging es darum, dass er nicht verstehen könnte, weshalb ich an seiner Treue zweifeln sollte und, dass diese Zweitfrau nichts anderes wäre als eine Versicherungskundin, durch welche er gute Provisionen beziehen würde. Er betonte dies vor allem in den Gesprächen, welche er mit meiner Mutter führte. Immer und immer wieder ließ er mir über meine Mutter ausrichten, dass er diese Frau nicht lieben würde und dass es hier nur ums Geld ginge. Auch sagte er, dass er die ständigen Streitereien und das Misstrauen, welches ich verstärkt seit dem September des Vorjahres ihn gegenüber hatte, nicht länger aushielte und er sich nicht mehr in meiner Gegenwart wohl fühlen würde.

Und trotz all dieser Kritik gegenüber mir betonte er immer wieder vor meiner Mutter, dass es diese Zweitfrau nicht als solche geben würde. Ich fing dann mit der Zeit an, erneut an seinem Doppelleben zu zweifeln und erreichte irgendwann den Zeitpunkt für mich, dass ich mich schlecht fühlte. Ich war mir nicht mehr sicher, ob er mir nicht doch die Wahrheit gesagt hatte. Tat ich ihm vielleicht Unrecht? War es eine bedeutungslose Aneinanderkettung von Zufällen?

Immer wieder stellte ich mir die Frage, ob diese Exfreundin und Versicherungskundin vielleicht wirklich einfach nur eine Kundin wäre, durch die er gutes Geld bekam. Dies lag auch daran, weil ich nicht nachvollziehen konnte, weshalb er nicht zu dieser Frau stand, wenn er sie doch lieben würde.

Ich zog mich lange Zeit zurück und überlegte, was ich nun tun sollte. Ich hatte auf der einen Seite die Aussagen des Bekannten meines Freundes und die Postkarte und auf der anderen Seite die Aussagen meines (Ex)Freundes, welche für mich auch irgendwie plausibel klangen. Als die Sehnsucht nach meinem Freund eines Tages Überhand gewann, entschied ich mich, ihn zu kontaktieren und mich bei ihm für das ihm Vorgeworfene zu entschuldigen. Ich wollte uns beiden und unseren Kindern wirklich eine Chance geben!

Ich hatte immer im Kopf, dass wir eine normale Familie sein könnten. Ich wollte auch meinen Kindern ihren Vater nicht verwehren. Ich selbst bin ein Scheidungskind und weiß aus eigener Erfahrung, wie es ist, wenn die Eltern getrennt sind. Ich kenne das Leid von Scheidungskindern und wollte um nichts in der Welt, dass meine Kinder auch diese Erfahrung machen mussten! Dies war auch ein Grund (neben meiner Liebe zu ihm), weshalb ich in den letzten 14 Jahren meinem Freund, egal welche Vergehen er mir gegenüber auch begangenen hatte, immer wieder eine Chance gab.

Als ich mich bei meinem Freund entschuldigte, wirkte er sehr gekränkt und verletzt und in gewisser Form auch unnahbar. Er sagte mir, dass er dies alles, was in den letzten Wochen und Monaten geschah, auch erst einmal verdauen müsste und, dass ich Geduld zeigen sollte und Verständnis, dass er nicht von einem Tag zum anderen wieder Feuer und Flamme sei. Ich bemühte mich sehr darum, dass mein Freund wieder öfter zu uns kam und versuchte mir meine innere Zerrissenheit in seiner Anwesenheit nicht anmerken zu lassen. Trotz alledem kreisten meine Gedanken ständig um diese andere Frau und ich konnte das Gefühl nicht loswerden, dass ich einfach nur 10 Jahre lang von hinten bis vorne im wahrsten Sinne verarscht worden bin.

Einige Zeit lang verhielten wir uns zueinander schon fast wieder normal. Aber, wie gesagt, der Gedanke um die andere Frau ließ mir keine Ruhe mehr.
Ich war so verletzt nach allem, was ich erfuhr und was geschehen war, dass ich eines Tages den Entschluss fasste, einfach nur noch die Wahrheit erfahren zu wollen – egal, wie diese aussehen würde!

Also verlangte ich nach einigen Wochen unseres erneuten Kontaktes von meinem Freund, dass dieser seine angebliche Versicherungskundin in meinem Beisein via Videoanruf über WhatsApp kontaktiert und er dieser mitteilt, dass er sie nicht liebt und, dass sie niemals wieder etwas von ihm zu erwarten hätte und aus seinem Leben verschwinden müsse, da er mich liebte und nicht sie. Ich forderte von meinem Freund auch, dass er den Kontakt zu dieser Frau nach diesem Telefonat vollkommen und für immer abbricht. Ich sagte ihm, dass es mir gleichgültig wäre, ob er von dieser Frau und ihrem Umfeld (dies teilte er mir auch mit) gute Provisionen erhalten würde und, dass die Familie und die Liebe wichtiger wären als jedes Geld dieser Welt!

Auf mein Verlangen reagierte mein Freund nicht erfreut. Ich merkte schnell, dass er sich vor einem Gespräch mit mir und dieser angeblichen Versicherungskundin zu drücken versuchte, doch ich blieb beharrlich bei meiner Meinung und setzte ihm die Pistole an die Brust. Ich sagte ihm, dass er sich jetzt entscheiden müsse, was ihm wichtiger wäre – ich oder diese Frau. Nach einigen vehementen Überredungsversuchen willigte mein Freund dann wenige Zeit später diesem Videogespräch ein. Er sagte mir jedoch, dass er noch über das Wochenende warten wollen und nachdenken würde, wie er es seiner Versicherungskundin mitteilt, da er sich vor dieser Dame blamieren würde, wenn er und ich sie zusammen wegen einer angeblichen Lappalie anrufen würden. Ich teilte ihm jedoch mit, dass mir dies reichlich egal wäre, ob sie mich für verrückt hält oder mich als eifersüchtige Freundin abstempeln würde. Diese angebliche Versicherungsdame war für mich ein rotes Tuch und ich wollte endlich die Wahrheit erfahren!

Ich wollte wissen, ob mein Freund mich wirklich jahrelang mit dieser Dame betrogen hatte oder nicht. Ich fragte mich oft in der Zeit vor dem Termin für dieses Videogespräch, wie ich mich fühlen würde, wenn doch herauskäme, dass die beiden etwas miteinander gehabt hätten. Könnte ich es ihm verzeihen? Könnte ich ihm jemals wieder vertrauen? Ich wartete also nervös zu.

Dann kam das Wochenende vor dem geplanten Videoanruf. Mein Freund war am Freitagabend bei mir und wir kuschelten uns bei einem Harry-Potter-Streifen zusammen.
Während einer Filmpause fragte ich meinen Freund dann nochmals, ob er wirklich am Montag seine Versicherungskundin anrufen würde, um dies endlich zu klären und auch, weshalb wir bis Montag überhaupt zuwarten mussten. Ich verstand nicht, weshalb mein Freund diese Frau nicht gleich anrufen konnte und wollte.

Da mein Freund solange ich ihm kenne ein Riesengeheimnis um sein Mobiltelefon machte und ich in dieses nie Einsicht nehmen durfte (jedes Mal wenn sein Telefon klingelte, wenn er bei mir war, blickte er auf den Display, sagte mir, dass dies irgendein nerviger Kunde wäre den er später zurückrufen könnte und lies das Telefon in seiner Hosentasche verschwinden), forderte ich ihn an diesem Abend auf, dass er mir zumindest jetzt schon auf seinem Mobiltelefon den Chatverlauf mit dieser Frau zeigen sollte. Ich sagte zu ihm, dass wenn nichts zwischen den beiden wäre und die Gespräche rein versicherungstechnischer Natur wären, er mich diese auch lesen lassen könnte.

Nach einigen Bitten und Betteln willigte er ein, dass ich mir das Display seines Telefons ansehen dürfte, er mir jedoch den besagten Chatverlauf noch nicht zeigen wollen würde, da wir so viel gestritten hätten in den vergangenen Wochen, dass ich mir dies „erst noch verdienen müsste". Ich war sauer über diese Aussage, aber ich war froh, wenigstens einen Blick auf das Display seines Handys machen zu können. So hätte ich wenigstens einmal gewusst, welches Hintergrundbild er verwendete. Ob es ein Foto von dieser Frau war?

Ich lag an den Oberkörper meines Freundes gekuschelt und konnte es nicht abwarten endlich einmal das Display des Handys zu sehen. (Verrückt, oder? Andere Menschen blicken tagtäglich auf das Handydisplay ihres Partners, weil der sein Telefon in der Wohnung herumliegen lässt) Es war zumindest ein kleines erstes Zugeständnis von ihm und ein erster Schritt, um neues Vertrauen aufbauen zu können. Ich lag also ganz gespannt auf seinem Oberkörper und als mein Freund sein Telefon aus seiner Hosentasche zog und es entriegelte, sah ich das Display. Es waren nur wenige Sekunden, in denen ich auf das Display sehen konnte, bevor es wieder in der Hosentasche versenkt wurde, aber in diesem Moment kam eine SMS von der besagten Versicherungsdame an meinen Freund gerichtet. Mein Herz blieb vor Entsetzen stehen.
Sie war in seinem Telefon nicht unter ihrem normalen Namen abgespeichert sonders als „Schatz ggg". Ich wusste das sie es war, weil ihr Foto bei ihrer SMS aufschien und ich wusste, wie sie aussah.

Ich spürte, wie mir in diesem Moment wieder die Kehle zugeschnürt wurde. Ein heftiger Stich durchbohrte mein Herz und ich begann am ganzen Körper zu zittern. So schnell konnte ich nicht schauen liefen unwillkürlich Tränen über mein Gesicht. Ich war fassungslos. Die Nachricht welche „Schatz ggg" an meinen Freund schickte war eine belanglose Nachricht. Es ging um irgendeine Serie über Norwegen. Doch um den Inhalt der SMS ging es mir nicht – wenngleich sich die Frage stellte, weshalb ein angeblicher Versicherungskunde seinem Versicherer irgendetwas über eine Fernsehserie schreibt. Die Botschaft war nicht das Problem, sondern die Bezeichnung „Schatz ggg"!

Als mein Freund mein Entsetzen sah wurde er kreidebleich und stammelte nur etwas dahin von wegen das dies jetzt wohl Schicksal gewesen sei. Ich drückte mich vom Körper meines Freundes weg und setzte mich wortlos einen Meter neben ihn auf das Sofa. Ich starrte in den weiterlaufenden Film und meine Tränen rannen nur so über mein Gesicht. Ich hatte keine Kontrolle mehr über meinen Körper und konnte nicht mehr anders als zu weinen. Mein Herz tat so unglaublich weh! Es fühlte sich an, als hätte es jemand herausgerissen und in tausend Stücke zerfetzt!

Also war alles, was ich im September des Vorjahres über meinen Freund erfahren hatte wahr. Alles? Auch das mit den Prostituierten? Meine Gedanken kreisten nur über ein Thema: Ich wurde wahrhaftig betrogen – 10 Jahre lang. Alles war eine Lüge, nichts war je echt. Wer war dieser Mensch, den ich meinte zu lieben?

Mein Freund sah mich noch immer kreidebleich an und versuchte einen sinnvollen Satz zu formulieren.

Irgendwann in diesem Zeitraum setzte auch er sich auf, nahm meine Hand und bat mich, dass ich mich zu ihm kuscheln sollte. Ich schüttelte wortlos den Kopf, zog meine Beine an und legte meine Arme um die Knie. Ich fühlte nur noch diesen Schmerz und ich wusste, dass nichts, was mein Freund mir sagen konnte, jetzt noch helfen könnte! Ich wusste tief in mir, dass wir unserem endgültigen Beziehungsende zugingen.

Dann bat mein Freund mich ein weiteres Mal, mich an ihn zu kuscheln und fügte hinzu, dass dieses „Schatz ggg" ein Fehler seines Handys sei, weil er seit einiger Zeit mit dem Updaten des Telefons Probleme hätte. Er versicherte mir, dass er sich auch nicht erklären könne, warum seine Versicherungskunden auf einmal unter dem Synonym „Schatz ggg" aufscheinen würde und, dass dies eben ein Fehler seines Telefons sei. Er sagte weiters, dass die Frau damals unter diesem Synonym in seinem Handy abgespeichert war, als sie noch zusammen gewesen waren. Ich wusste wieder nicht, was ich davon halten sollte.

Ich fühlte eine riesengroße Untersicherheit in meinem Herzen und hatte Angst einfach nur auf dreiste Art und Weise belogen zu werden. Was sollte ich jetzt tun? Sollte ich ihm erneut vertrauen? Was war hier eigentlich los?! Ich wusste es einfach nicht.

Doch er war so lieb zu mir und ich merkte ihm an, dass er wirklich Angst hatte mich zu verlieren. Ich legte meinen Kopf auf sein Drängen hin wieder an seine Brust und versuchte Herr über meine Gedanken zu werden.

Mein Freund begann dann mich zärtlich zu streicheln und mich zu entkleiden und schlief dann mit mir. Er sagte mir währenddessen wir miteinander schliefen auch mehrere Male, dass wenn er diese Frau wirklich lieben würde, er wohl kaum jetzt bei mir wäre. Dies leuchtete mir irgendwie ein. Nachdem wir nach dem Sex miteinander kuschelten, wurde er plötzlich ernst und teilte mir mit, dass er über das Wochenende alleine nach Ungarn fahren wolle, um über alles nachzudenken. Er versprach mir gefühlte hunderte Mal, dass er diese Reise „alleine“ für sich antreten wollen würde, um einfach einmal über uns in Ruhe nachdenken zu können und fügte dem noch hinzu, dass dies gut für unsere Beziehung wäre.
Ich war wieder geschockt. Es war nicht wenige Momente her, da weinte ich noch wegen der Handysache und jetzt das! Wie konnte er nur so kaltschnäuzig sein? Gerade jetzt als dies mit dem Handy war. Doch ich wusste, dass ich ihn noch nie von einer seiner „Reisen im Alleingang“ abhalten konnte und so bat ich ihn nur, dass er Wort halten und am Montag mit mir zusammen dieses Telefonat mit dieser Frau machen sollte. Er nickte und versprach am Sonntagabend nach seiner Rückkehr direkt zu mir zu kommen.

Danach lagen wir noch einige Minuten nebeneinander und danach verabschiedete er sich mit der Begründung, dass er nun zu sich nach Hause und seine Koffer für seine Abreise nach Ungarn, welche bereits am nächsten Tag erfolgte, packen müsse.

Ich befand mich in einem Wirrwarr der Gefühle. Würde dieses Auf und Ab der Gefühle nie aufhören? Zuerst die Sache mit dem Handy, dann der leidenschaftliche Sex und dann stellte er mich vor vollendete Tatsachen, indem er mir einfach ohne Vorahnung mitteilte, dass er die nächsten beiden Tage alleine ins Ausland verreisen sollte?! Ich weinte wieder in dieser Nacht und wusste nicht, was ich mit diesem Menschen machen sollte. Wie kann man nur so verrückt sein und jemanden lieben, der einen immer wieder enttäuscht? Bin ich wirklich so verrückt?

Jeder um mich herum hat mir immer und immer wieder gesagt, dass er nicht glaubt, dass dieser Mensch mich wirklich liebt. Ich wurde ständig gefragt, weshalb er nie bei uns übernachtete und ob mir dies nicht merkwürdig vorkommen würde. Natürlich war es merkwürdig für mich und ich konnte es selber nicht verstehen, doch ich hatte mich in all den Jahren daran gewöhnt, jeden Abend alleine zu Bett zu gehen. Im Insgeheimen hoffte ich jedoch Tag für Tag, dass mein Freund einfach einmal sagen würden, dass heute der Tag X wäre, an dem er bei uns übernachten würde – der Tag, an dem sich alles ändern würde zwischen uns!

Für die Außenwelt hatte ich immer tolle Ausreden für meinen Freund parat. So sagte ich etwa, dass meinem Freund sicher meine Wohnung zu klein wäre oder er einfach ein Langschläfer wäre und daher nicht bei uns schlafen wollen würde, weil unser kleiner Sohn mich täglich gegen 06:00 Uhr morgens weckt. Es waren lächerliche Ausreden und tief im Herzen wusste ich, dass ich mich selbst belog – aber ich wollte es einfach nicht wahrhaben! Ich war einfach noch nicht so weit!

Am nächsten Morgen rief ich dann meinen Freund an und bat ihn, dass er vor seiner Abreise nochmals zu mir kommt. Ich teilte ihm mit, dass ich gerne nochmals mit ihm schlafen und ihm eine schöne Reise wünschen wollen würde. (Im Geheimen dachte ich jedoch daran, dass wenn mein Freund mit mir nochmals schlafen würde, er gewiss sexuell befriedigt sei und dann gar nicht auf dumme Gedanken kommen würde)

Mein Freund sagte daraufhin zu mir, dass er am Vormittag nochmals für einen Sprung vorbeikommt. Ich richtete mich zuhause hübsch her und schminkte mich, was das Zeug hält. Auch unseren kleinen Sohn richtete ich ganz adrett her. Unsere Tochter war zu diesem Zeitpunkt in der Schule.

So wartete ich mit unserem gemeinsamen Sohn Stunde um Stunde, doch mein Freund kam nicht. Ich merkte, wie meine Stimmung immer weiter sank und dann begann ich meinen Freund mehrfach in der Stunde anzurufen – vergebens. Als ich ihn gegen Mittag dann nochmals anrief, war sein Handy plötzlich abgedreht. Ich merkte wieder diese unsichtbare Schnur um meine Kehle und das Rasen meines Herzens. Etwas in mir schrie ganz laut, dass hier etwas absolut nicht passte!

Ich begann dann meinen Freund Sturm anzurufen, doch sein Telefon war durchwegs abgedreht. Nachdem ich ihn sicher an die hundert Mal vergeblich anzurufen versuchte, schoss mir aus dem Nichts ein Gedanken durch den Kopf. Die angebliche Versicherungskundin hatte meinem Freund doch am Vortag etwas von einer Serie über Norwegen geschrieben. Was war, wenn diese Frau sich aktuell in Norwegen befindet und mein Freund gerade auf den Weg dorthin ist? Würde er sie auf das Videotelefonat am Montag vorbereiten?

Würde er ihr erzählen, dass ich die eifersüchtige Ex wäre, die ihn nicht in Ruhe lässt und die ihn jetzt zwingt, dieses Telefonat zu führen? Was würde er ihr alles erzählen? Dass er so tut, als hätte er mich gern, weil er Angst hätte, dass er sonst vielleicht das ihm erteilte gemeinsame Sorgerecht über die Kinder verliert? Ich hatte unzählige Fragen im Kopf, aber trotz dieses ganzen Durcheinanders in meinem Schädel fasste ich einen klaren Gedanken.

Ich schnappte nach meinem Handy und holte mir über das Internet die Ab- und Anreiseliste unseres Flughaftens. Ich wollte nachsehen, ob in dem Zeitraum, in welchem das Telefon meines Freundes abgedreht war, ein Flug nach Norwegen ging. (Aus eigener Erfahrung wusste ich, dass wenn man mit dem Flugzeug unterwegs ist, immer der Flugmodus am Telefon eingeschaltet sein muss und dass man daher während der Flugdauer telefonisch nicht erreichbar ist.)

Ich traute meinen Augen nicht als ich die Flugliste plötzlich vor meinen Augen hatte.
Es ging ein Flug nach Norwegen – und zwar genau in dem Zeitraum, als das Telefon meines Freundes abgedreht war! Ich googelte dann noch die Flugdauer (von unserer Heimatstadt nach Norwegen) und rechnete hoch, wann mein Freund in Norwegen in etwa ankommen würde, wann er durch den Sicherheitscheck wäre und wann er rein rechnerisch circa sein Telefon wieder eingeschaltet haben müsste. Dann würde ich ihn zu dieser Zeit wieder anzurufen versuchen. Die Flugdauer betrug etwas um die zwei Stunden. Zwei Stunden, die ich aber nicht warten konnte und auch nicht warten wollte!

Ich war im Ungewissen. Ich war fertig mit meinen Nerven. Ich wollte sofort wissen, ob das ungute Bauchgefühl sich bewahrheitete. Also tat ich noch etwas. Ich rief einen ebenfalls ehemaligen Bekannten von meinem Freund an, informierte ihn über meine Vermutungen und bat ihn, dass er mit mir die Parkhäuser in unserer Stadt abfährt, da ich wusste, dass mein Freund, wenn er seine diversen Flugreisen antritt, sein Auto stets in einem dieser Parkhäuser abstellte. Nach etwa einer halben Stunde war dieser Bekannte bei mir und ich fuhr mit ihm und unserem Sohn sofort los.

Als wir beim ersten Parkhaus ankamen und in die Einfahrt fuhren blitzte auch schon der dunkle Wagen meines Freundes hervor. Mein Herz blieb stehen. Ich wusste augenblicklich, dass er mich mit seiner Ungarnreise belogen hatte. Er konnte ohne sein Auto nicht auf dem Weg nach Ungarn sein!

Ich blickte auf die Uhr und sah, dass ich noch eine Stunde warten musste, bis ich versuchen konnte, meinen Freund telefonisch anzurufen. Dies war wohl die längste Stunde in meinem Leben. Ich war traumatisiert und schockiert. Ich weiß nicht mehr genau, was ich in dieser Stunde getan habe. Ich fühlte mich körperlos und losgelöst von dieser Welt. Alles was von da an geschah, geschah wie in Zeitlupe.

Nachdem die errechnete Flugankunftszeit für Norwegen endlich da war, versuchte ich meinen Freund wieder anzurufen. Sein Handy war diesmal an, aber er hob nicht ab. Ich versuchte es immer und immer wieder, doch er reagierte nicht auf meine Anrufe. Ich spürte wie sich mein Entsetzen, meine Angst und meine Trauer in puren Hass verwandelten.

Ich wollte diesen Menschen zur Rede stellen – koste es, was es wolle!

Ich nahm daher einen Vorwand, um meinen Freund dazu zu zwingen, mich anrufen zu müssen. Ich schrieb ihm eine SMS mit panischem Wortlaut in welcher drinnen stand, dass die Schule meiner Tochter eine dringende Information von ihm bräuchte und er mich sofort anrufen müsste. Nachdem ich diese SMS verschickte dauerte es nur wenige Momente, bis mein Freund mich zurückrief. Als ich das Telefonat entgegennahm konnte ich nicht mehr ruhig bleiben. Alle inneren guten Vorsätze sachlich und ruhig zu sprechen waren mit einem Mal über Bord.

Ich schrie meinen Freund hysterisch und unter Tränen an, wie er mir dies nur antun könnte, dass er mich so dreist betrügt und belügt! Dass er am Vortag noch mit mir schlief, dass er um meine Gefühle für ihn wusste und er mich nur ausgenutzt hatte. Er schrie zurück und sagte mir, dass ich selbst schuld daran sei, wie es ist und, dass die Beziehung mit mir nun für ihn jetzt endgültig zu Ende wäre. Danach legte er auf.

Ich versuchte ihn aus meiner Verzweiflung heraus dann noch einige Male anzurufen, doch er hob nicht mehr ab. Ich sackte zu Boden. Ich nahm meinen Sohn in den Arm und weinte bitterlich. Ich fühlte mich wie in Trance. Nichts schien mehr real zu sein. Etwas in mir sagte mir, dass dies gerade ein psychisches Trauma sein musste. Ich rief dann irgendwann meine Mutter an und bat sie, mit meinen Kindern zu ihr kommen zu dürfen. Ich war einfach nicht in der Lage mich in diesem Schreckensmoment um meine Kinder zu kümmern. Ich wollte nur noch weinen und schreien und am besten alles gleichzeitig.

Ich fuhr dann zu meiner Mutter und sie spielte sich mit den Kindern. Und ich weinte. Ich erzählte ihr, dass ich meinem Freund auf die Schliche gekommen wäre und die Beziehung für mich nun endgültig zu Ende sei. Das, was mir dieser Mann bewusst antat – es war genug! Nun hatte ich den Beweis und die Wahrheit, nach der ich gesucht hatte: Er hatte mich zweifelslos jahrelang nur betrogen und belogen! Meine ganze Welt und alles was darin war, war auf einmal kaputt. Jede Hoffnung und jeder Glaube. Ich fühlte plötzlich ganz alleine mit meinen Kindern auf dieser Welt! Ich wusste, dass nichts je wieder so sein würde, wie es war. Gar nichts! Ich wollte nur noch vergessen und am besten mit meinen Kindern ganz weit weg verreisen und niemals wieder hierher zurückkommen!

Dieser Mensch war meine große Liebe. Ich hatte alle meinen Hoffnungen auf ihn gesetzt. Er war für mich der Prinz auf dem weißen Ross, der Erhabene, derjenige, den ich heiraten wollte. Es waren nicht die anderen Männer, die ich früher kennengelernt hatte. Sie alle waren nichtig für mich gewesen. Er aber war es nicht! Er war meine große Liebe. Die große Liebe, die es nur einmal im Leben gibt, an die kein anderer Mann je herankommt. Ich war am Boden zerstört. Ich fühlte mich benutzt und dreckig, naiv und dumm. Warum habe ich so lange nicht hingesehen? Warum habe ich dem Bekannten damals nicht vertraut als er mir im September des Vorjahres vom Doppelleben meines Freundes erzählte?

Ich befand mich den ganzen Tag über wie in Trance und fuhr dann erst am Abend mit meinen Kindern zu uns nachhause. Nachdem ich meine Kinder zu Bett gelegt hatte, brach ich endgültig weinend zusammen und schlief erst dann ein, als meine Augen durch meine vielen Tränen so geschwollen waren, dass ich nichts mehr sehen konnte.

Am nächsten Tag erwachte ich traurig. Als ich munter wurde, realisierte ich wieder, was am Vortag passiert war – es zerriss mir das Herz und ich weinte sofort wieder darauf los. Mein Gesicht war eingefallen und meine Augen dermaßen geschwollen, dass ich den ganzen Tag lang nicht richtig sehen konnte. Mein Körper fühlte sich schwer, so als würde mich ein Krake in die Finsternis des Meeres hinunterziehen wollen. Ich blieb Hause mit meinen Kindern. Ich habe mich im wahrsten Sinn verkrochen und verzweifelt nach einer Möglichkeit gesucht, wie ich das Wissen um meinen Exfreund verkraften hätte können.

Irgendwann an diesem Tag fand ich in einem kurzen Zeitfenster die Kraft, um den mittlerweile ehemaligen Bekannten meines Freundes anzurufen, der mich im Herbst des Vorjahres bereits über das Doppelleben meines nun Exfreundes informiert hatte. Ich bat ihn, dass er mir nun alles erzählen solle, was er über das geheime Leben meines Exfreundes noch wusste. Dieser Bekannte zögerte etwas, weil er der Ansicht war, dass ich zu naiv wäre, um die Wahrheit endlich akzeptieren zu wollen. Aber ich teilte ihm mit, dass ich bereit bin, die ganze Wahrheit zu erfahren und auch meine Konsequenzen daraus ziehen werde.

Dann erzählte er mir, dass er vor kurzem über einen Freund meines Freundes erfahren hatte, dass die Zweitfrau meines Freundes nun zwei universitäre Ausbildungsjahre in Norwegen verbringen würde und, dass mein Freund nun vorhatte, diese Frau regelmäßig dort zu besuchen. Er meinte auch, dass mein Freund dieses Doppelleben so weiterführen wollen würde und er mich die ganze Zeit über nur für dumm verkauft hatte.
Ich bekam also auch über das indirekte Umfeld meines Exfreundes dann noch die Bestätigung, dass mein Exfreund sich wirklich in Norwegen bei seiner heimlichen Zweitfrau befand.

Ich war so traurig über das was ich da hören und erfahren musste, dass ich mich dann wieder für sehr lange Zeit zuhause zurückzog. (Wenn es mir nicht gut geht, muss ich mich zurückziehen. So war ich schon als ich ein Kind war. Ich versuche dann meine eigenen Wunden zu lecken und hoffe, dass die Zeit mir dabei hilft, alles mit emotionaler Distanz betrachten zu können.)

Nach einigen Tagen erfuhr ich über meine Mutter, dass mein Exfreund sich nun wieder im Inland befände, doch dies alles war mir gleich. Ich wollte nichts mehr mit diesem Menschen zu tun haben! Ich traf dann irgendwann die Entscheidung, dass ich mich und meine Kinder vor weiteren Verletzungen schützen muss!

Meine Kinder deshalb, weil ich in meiner ganzen Trauer nicht mitbekam, dass auch meine ältere Tochter dies alles mitangehört hatte. Sie wollte immer, dass ihre Mama und ihr Papa mit ihr und ihrem Bruder zusammen eine richtige Familie bilden. Diese Wunschvorstellung war nun dahin. In meiner Wohnung saßen daher zwei gebrochene Herzen – mein eigenes gebrochenes Herz und das meiner Tochter (mein Sohn war noch ein Baby und daher zu klein, um dieses ganze Theater begreifen zu können).

Um uns emotional zu schützen, entschied ich daher, dass ich fortan zu allen Personen den Kontakt abbreche, welche direkt oder indirekt mit meinem Exfreund zutun hatten. Ich wollte einfach nur noch meine Ruhe haben und Zeit, um zu trauern – egal, wie lange es auch dauern sollte. Ich versuchte mich der Wahrheit zu stellen und zu akzeptieren, wie es nun war.

Irgendwann einmal teilte mir dann auch meine Tochter mit, dass sie so enttäuscht von ihrem Vater sei, dass sie ihn niemals wieder sehen möchte und ihm auch alle Geschenke zurückgeben möchte, welche sie jemals von ihm erhalten hatte. Ich konnte meine Tochter verstehen. Sie wollte einfach mit ihrem Vater abschließen. Ihrem Vater, von dem sie nun wusste, weshalb er mit uns nie ein richtiges Familienleben gelebt hatte.
Eines Tages bat mich meine Tochter dann, dass wir alle Gegenstände, die wir von ihrem Vater je erhalten hatten, an diesen zurückbringen. Dies taten wir auch. Wir packten das Zeug in mehrere Müllsäcke und brachten es zum Haus meines Exfreundes, in welchem auch dessen Mutter wohnte.

Danach beschlossen meine Tochter und ich, dass wir diesen Menschen ein für alle Mal vergessen und ihn loslassen wollten.

Meine Tochter war früher immer sehr traurig wegen ihrem Vater gewesen, weil dieser sich weigerte bei uns zu nächtigen und er auch, bis auf einige wenige gemeinsame Ausflüge, mit uns als Familie kaum etwas unternommen hatte. Sie sagte mir früher auch oft, dass sie sich ein richtiges Familienleben mit Vater, Mutter und Kinder und unseren beiden Katzen, die wir zu diesem Zeitpunkt schon mehrere Jahre lang hatten, wünschen würde. Dieser Traum war jedoch fort!
Wir verließen nach der „Rückbringaktion" das Wohnhaus meines Exfreundes und schworen uns, dass wir nie wieder hierherkommen würden.
(Früher, als ich noch nichts vom Doppelleben meines nunmehr Exfreundes wusste, waren wir sehr oft hier und gingen mit der Mutter von meinem Exfreund, also der Oma meiner Kinder, spazieren. Zu Ostern gab es dort eine kleine Ostereiersuche und am Heiligen Abend waren wir auch dort. Wir wurden zu Weihnachten jedoch auch immer gegen 21:00 Uhr verabschiedet. Im Nachhinein denke ich, dass mein Exfreund nach der Bescherung mit uns einfach zu seiner Zweitfrau gefahren ist.)
Meine ältere Tochter und ich verabschiedeten uns jedenfalls von diesem Ort und den Erinnerungen, die wir mit diesem Ort verbanden, stiegen ins Auto und fuhren heim.

Von da an hatten wir wochenlang keinen Kontakt zu meinem Exfreund. Ich wollte bewusst allen Orten aus dem Weg gehen, an denen ich ihn hätte antreffen können. Ich mied auch sein persönliches Umfeld und jene Leute, von denen ich wusste, dass sie auch nur in irgendeiner Form mit ihm Kontakt pflegten.

Die ersten Tage waren besonders schlimm. Ich schlief schlecht, hatte Alpträume (auch von meinem Exfreund und mir – ich denke mein Gehirn versuchte die ganzen schlimmen Erkenntnisse der letzten Wochen und Monate irgendwie zu verarbeiten) und weinte sehr viel. Es ging mir so schlecht, dass ich dachte, eine Depression bekommen zu haben.

Ich hatte oft Situationen da überkam mich von einem Moment zum anderen eine tiefe Traurigkeit und ich fragte mich, ob man wirklich an einem gebrochenen Herzen sterben könnte. Der Schmerz war sehr präsent und ich hatte immer und immer wieder Flashbacks aus den unterschiedlichsten Zeiten meiner 14-jährigen On-/Off-Beziehung. Es war wirklich eine sehr schlimme Zeit!

Nach einigen Wochen war ich zwar gefühlsmäßig noch nicht über den Berg, aber es begann mir allmählich etwas besser zu gehen. Ich weinte nicht mir durchgehend und versuchte für meine beiden Kinder stark zu sein. Wir unternahmen einige Ausflüge und wenn mich die Trauer dann doch wieder überkam, versuchte ich mich einfach „auf Teufel komm raus" abzulenken. In meinem Kopf war immer noch ein großes Chaos und ich versuchte die einzelnen Gedanken zu schlichten.
Oft hatte ich noch Momente, in denen ich an vergangene Situationen mit meinen Ex dachte. Dabei ging es größtenteils auch um die vielen Ungereimtheiten. Und nachdem ich nun von der Zweitfrau wusste, wurden diese Ungereimtheiten plötzlich erklärbar.
Jedes Mal, wenn mein Exfreund keine Zeit hatte, wenn er nicht erreichbar war oder wenn er nicht kommen wollte, war er bei dieser zweiten Frau.

Und das nicht erst seit jetzt, sondern seit ganzen 10 Jahren!

Ich dachte daran, wie mein Exfreund zu dieser Frau gewesen ist. Hatte sie die Blumen von ihm bekommen, die ich nie erhielt. Durfte sie mit ihm in einem Bett schlafen? Nächtigte er also bei ihr und sie bei ihm? Wie war er, wenn die beiden zusammen in den Urlaub flogen? Küsste er sie auf den Mund? Schwor er ihr seine Liebe? Ich kannte diese Situationen selber nicht. Ich kannte meinen Exfreund nur so, dass er fast täglich kam, aber nie bei uns schlief. (Dies war kein einziges Mal der Fall.)
Diese quälenden Fragen machten mich richtig fertig – genauso, wie die bildliche Vorstellung davon.

Ich war traurig, wütend, enttäuscht und eifersüchtig zugleich. Auf der anderen Seite hatte ich Mitleid mit meinem Ex, weil er offenbar kein normales Beziehungsleben führen konnte. Ich machte mir Selbstvorwürfe, weil ich der Ansicht war, mich ihm gegenüber falsch verhalten zu haben. Ich hegte große Selbstzweifel und mein Selbstbild schrumpfte zu einem winzigen Sandkorn. War ich nicht attraktiv genug für ihn? Konnte ich ihm trotz seiner Orgasmen vielleicht im Bett nicht das geben, was er wollte? Empfand er überhaupt so etwas wie Liebe für mich? Wer war ich in diesem statuierten Ensemble? War es je Liebe zwischen uns gewesen? Ich fühlte, seit ich ihn kannte, dass wir schicksalhaft zusammengehörten. Ich sprach auch oft über diese Gefühle mit meinem Ex. War ich verrückt? War das alles nur Einbildung? War jetzt alles vorüber? Endgültig?

Egal wie viel Zeit auch ins Land zog: Die Weinkrämpfe hatte ich mittlerweile im Griff aber die quälenden Fragen, die Flashbacks und mein gesunkenes Selbstbild blieben. Ich raffte mich tagtäglich für meine Kinder auf und hoffte einfach, dass die Zeit helfen würde, dass es mir irgendwann besser gehen und ich mit dem Erlebten und Erfahrenen abschließen konnte.

Nach vielen Tagen und Wochen schaffte ich es dann, dass wir wieder etwas wie einen „normalen Alltag" hatten. Ich kümmerte mich wieder vermehrt um die schulischen Belange meiner älteren Tochter und spielte viel mit meinem kleinen Sohn. Wir gingen oft spazieren und trafen uns auch wieder öfter mit anderen Menschen. Als ich endlich dachte, dass ich das Schlimmste überstanden hatte, kam wieder eine Wende. Eine Wende, die so schlimm war, das alles bisher Geschehene weit in den Schatten gestellt wurde.

Fortsetzung folgt in Band 2...

Schlusswort

Nachdem die alleinerziehende Mutter uns in diesem ersten Band geschildert hat, wie die toxische Beziehung mit ihrem narzisstischen Partner gewesen ist, entschließt sie sich in Band 2 aufgrund der vielen emotionalen Wunden, welche der Narzisst ihr durch sein narzisstisches Handeln zugefügt hat, das Verhältnis zu beenden und sich vor weiteren emotionalen Verletzungen zu schützen.

Was die alleinerziehende Frau von zwei Kindern zu diesem Zeitpunkt jedoch noch nicht weiß, ist, dass sie durch das Beenden der Beziehung dem Narzissten selbst eine riesengroße emotionale Verletzung zugefügt hat.

Der Narzisst hat im Inneren ein Loch, welches er mit Bewunderung und Machtspielen ausstopfen muss. Wird dieses Loch nicht mehr genährt, trifft dies den Narzissten mitten ins Schwarze und zerrt an dessen emotionaler Existenz.

Ein Narzisst muss immer im Mittelpunkt stehen, braucht Bewunderung und eine Scharr von Anhängern um sich, damit er „leben" kann. Hat er dies nicht, verliert sich der Narzisst in seinem inneren Loch.

Der Narzisst weiß um das Gefühl und die Angst der Verlorenheit und versucht daher alles nur Erdenkliche zu tun, das Opfer wieder an sich zu binden – und hierfür kann er, wie wir in Band 2 erfahren werden, zu sehr harten Mitteln greifen…

Sofern Sie zu dem hier vorliegenden Werk Fragen, Anregungen, Lob oder Kritik haben, freue ich mich über Ihre Kontaktaufnahme unter www.stelzhammer.info oder per E-Mail an mediation@stelzhammer.info.

Mit freundlichen Grüßen,
Ihr Autor Stefan Stelzhammer